Nails
SEXY

L'ART DU DESSIN SUR ONGLES NAIL ART

SHARMADEAN REID

Publié pour la première fois en 2012 par Hardie Grant Books en Grande-Bretagne
sous le titre *The Wah nails book of Nail Art*

Hardie Grant Books (UK)
Dudley House, North Suite
34-35 Southampton Street
London WC2E 7HF
www.hardiegrant.co.uk

Direction artistique : Rob Meyers pour RBPMstudio
Traduction : Audrey Dinghem
Édition française : Dominique Montembault
Mise en page : Adèle Favreau
Relecture : Véronique Dussidour

Édité par Hachette Livre, 43, quai de Grenelle, 75905 Paris Cedex 15
Achevé d'imprimer en avril 2014 par Canale Bucarest, Roumanie
ISBN : 978-2501-08545-8
41.2759.3/02
Dépôt légal : avril 2013

NOTE : Les produits cités dans cet ouvrage ne sont pas placés
à titre publicitaire. Ce sont simplement les produits préférés
de l'équipe de WAH Nails.

L'ART DU DESSIN SUR ONGLES

NAIL ART

SHARMADEAN REID

Marabout

L'histoire de Wah Nails

Au cours de mes voyages en tant que styliste, je passais régulièrement chez Marie NAILS, à Los Angeles, et chez Valley NYC, à New York, et je ne comprenais pas pourquoi Londres, pourtant censée être à la pointe de la mode, n'avait pas son propre salon d'onglerie ultra-tendance. Alors, en 2008, après un nouveau fiasco dans un salon de quartier (je voulais une double french dioresque, mais la technicienne ne connaissait pas Dior), je suis rentrée et j'ai dit à mon copain: «Tu sais quoi ? Je vais ouvrir ma propre onglerie!»

Au moment où j'ai prononcé ces mots, des tonnes d'idées se sont mises à germer… Ce serait bien plus qu'un salon. J'allais fonder une communauté pour toutes les filles de mon quartier, et même au-delà. Ce salon devait refléter l'esprit de WAH, le web fanzine de filles que je tenais à l'époque. Après avoir lancé le blog du fanzine en 2006, j'avais réussi à réunir toute une bande de filles venues des quatre coins du monde et dès que l'une d'elles était de passage en ville, elle trouvait toujours quelqu'un chez qui se poser. Alors, naturellement, j'ai baptisé mon salon «WAH Nails»: un lieu de rassemblement pour la communauté en ligne que j'avais créée.

Il m'a fallu beaucoup de temps et de travail pour monter ce projet, mais après avoir trouvé un local à deux minutes de chez moi, dans le quartier de l'East End, nous avons inauguré le salon WAH Nails Dalston en juillet 2009. À l'époque, j'habitais un grand loft et mes amies débarquaient tout le temps à l'improviste – créatrices de mode, DJs, écrivaines, artistes –, donc je savais que j'avais la clientèle idéale pour me lancer. Très vite, le salon s'est mis à accueillir toutes sortes d'événements. Uffie a fêté la sortie de son album chez nous, plusieurs artistes féminines ont exposé au salon et on a organisé une grande soirée de charité pour les victimes du tsunami au Japon, où tous nos amis ont fait don de plein de choses. Parfois, aussi, on restait après la fermeture pour regarder *Paris Is Burning* ou la tournée de Beyoncé en DVD.

Quelques mois après l'ouverture, on parlait déjà de nous dans *Vogue*, *Elle*, *le New York Times*, *i-D Magazine*…, soit presque toutes les publications dignes d'intérêt. Je ne savais pas vraiment ce que je faisais, mais les magazines de mode semblaient très emballés! Vers le mois de novembre, la chaîne de grands magasins Selfridges nous a proposé d'installer un salon temporaire, et, en 2010, on a ouvert notre propre espace Topshop dans le magasin phare d'Oxford Street. Je me sentais prise dans un vaste tourbillon, mais j'avais atteint le but que je m'étais fixé.

WAH Nails a fait évoluer le monde de l'onglerie. Avant l'ouverture de notre salon, le nail art était assez mal vu chez les professionnels de l'esthétique et souvent taxé de ringard et de vulgaire. Mais je savais que les choses pouvaient changer. Les artistes comme Marian Newman, Sophy Robson et Jenny Longworth étaient déjà présentées comme des pionnières du nail art d'avant-garde dans les magazines de mode, mais cet art restait inconnu du grand public. C'est là que nous sommes entrées en scène. Notre style fait désormais des émules dans le monde entier et notre concept – des salons dans les clubs et les festivals et des relations particulières avec les clientes – a infiltré le monde de l'onglerie… mais il y a encore tant de choses que nous aimerions faire!

Ce livre, c'est notre façon de passer à l'étape suivante, et il résume bien le credo de WAH: partager notre passion, notre style et nos techniques avec vous parce que tout le monde mérite des ongles de diva!

Sharmadean Reid
Fondatrice de Wah Nails

VERNIS SMASH-UP
(effet craquelé)
TOP COAT
LIME À ONGLES
PETIT PINCEAU
BASE COAT
HUILE À CUTICULES
STUDS & STRASS
BÂTON EN BOIS
MINX
POLISSOIR
MinxNails.com
760.757.MINX
2. shine it

Trousse à outils

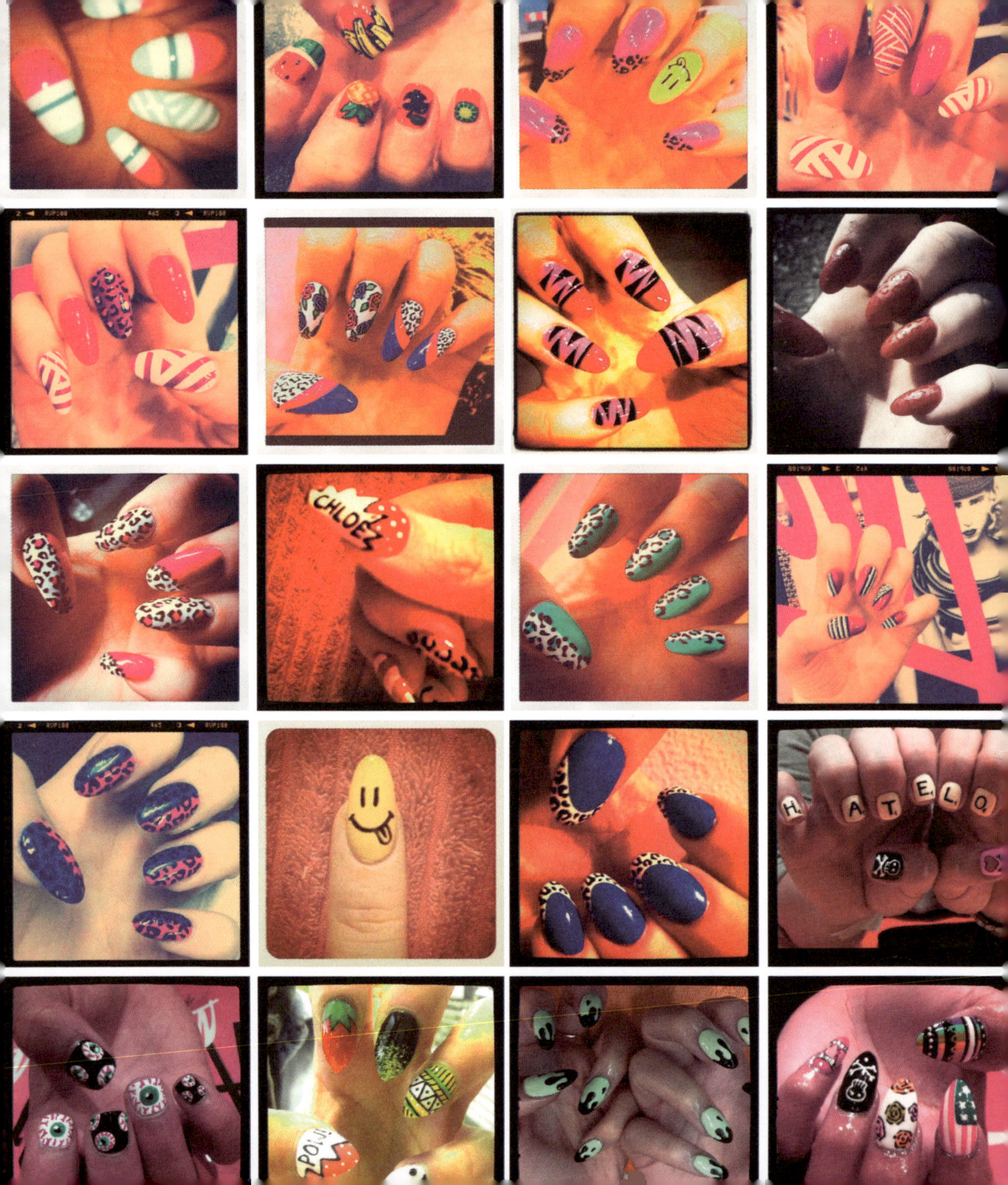
CHLOEZ
H A T E L O

TRUC DE PRO : AVANT DE VOUS LANCER DANS UN DE CES PROJETS, VOUS DEVEZ IMPÉRATIVEMENT CONNAÎTRE LES ÉTAPES DE PRÉPARATION ET DE FINITION. AINSI, VOTRE NAIL ART TIENDRA ENCORE PLUS LONGTEMPS !

Prép' & Finitions

PRÉP'

Étape 1. Pour préparer vos ongles, vous devez d'abord enlever toute trace de vernis. Trempez un morceau de coton dans du dissolvant et frottez pour obtenir une base impeccable.

Étape 2. Limez vos ongles à la forme souhaitée et éliminez tous les bords saillants ou irréguliers. Les mouvements doivent être longs et réguliers, des bords vers l'intérieur. Votre lime n'est pas une scie : ne l'agitez pas furieusement d'avant en arrière car vous risquez d'abîmer vos ongles. Quand vous avez terminé, alignez vos ongles pour vérifier qu'ils ont tous la même longueur.

Étape 3. Polissez légèrement vos ongles avec un bloc polissoir pour obtenir une surface bien lisse. Le polissage permet aussi d'éliminer les stries. Ne polissez pas vos ongles plus d'une fois par semaine.

Étape 4. Pensez toujours à bien déshydrater vos ongles avant d'appliquer la base, le base coat. C'est indispensable pour que le vernis tienne bien. À l'aide d'un morceau de coton imbibé de dissolvant, éliminez toutes les poussières ou les traces grasses laissées par le polissoir.

Étape 5. Ça y est. Vous pouvez appliquer le base coat ! Étalez une fine couche de base sur chaque ongle et laissez sécher une à deux minutes. Il ne vous reste plus qu'à choisir un modèle !

FINITIONS

Une fois votre motif terminé, attendez cinq minutes avant d'appliquer le vernis de protection, le top coat, pour ne pas saboter votre œuvre ! Appliquez-le généreusement sur vos ongles, sans surcharger le pinceau. Pour cela, vous pouvez le frotter sur le goulot du flacon. Notre favori est le top coat Seche Vite.

Pour un résultat impeccable, munissez-vous d'un petit pinceau de retouche (un petit pinceau à maquillage pour les yeux ou les lèvres fera très bien l'affaire) pour éliminer les éventuelles imperfections. Trempez le pinceau dans l'acétone ou le dissolvant et tamponnez délicatement les taches de vernis sur les doigts ou autour des ongles.

Si vos cuticules sont sèches, appliquez une fine couche d'huile solaire CND sur le contour de vos ongles. Cela permet d'hydrater la zone autour des cuticules et donne un fini propre et brillant !

WAH!

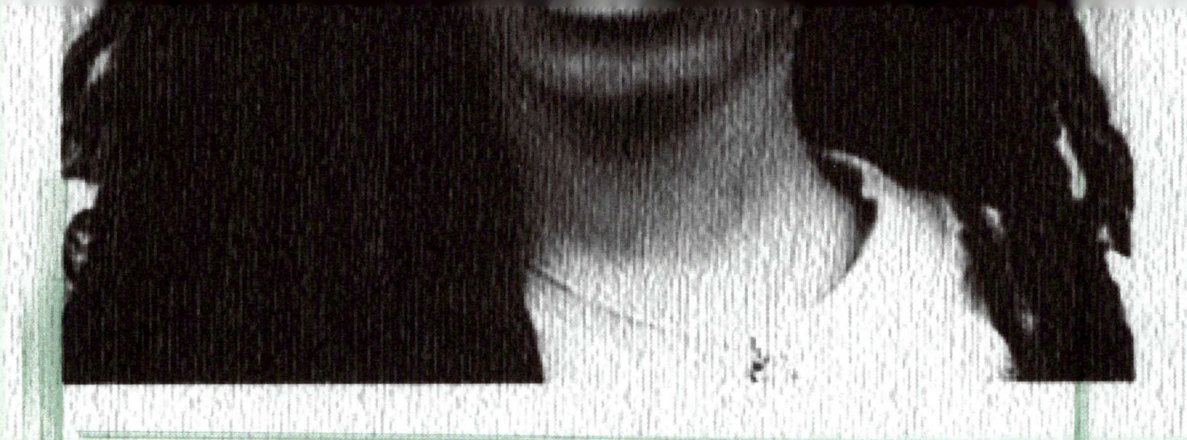

WAH fanzine #1

VA
ning
WAH

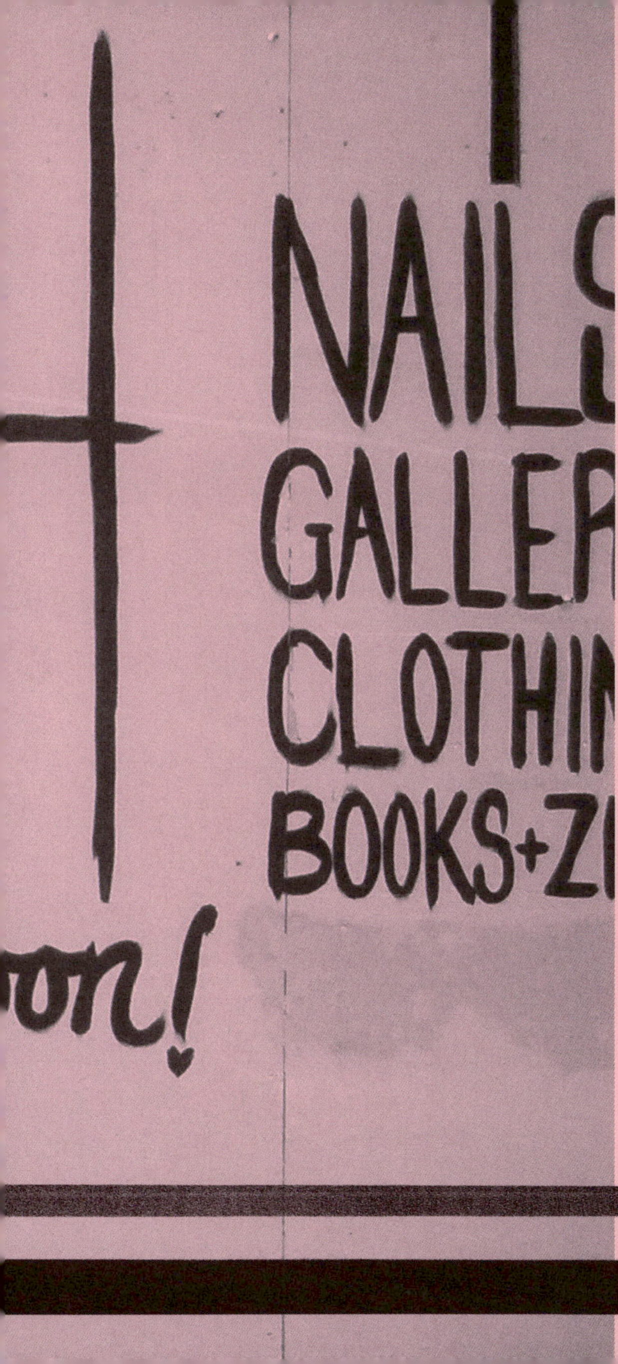

Le jour de la remise des clés

Modèles

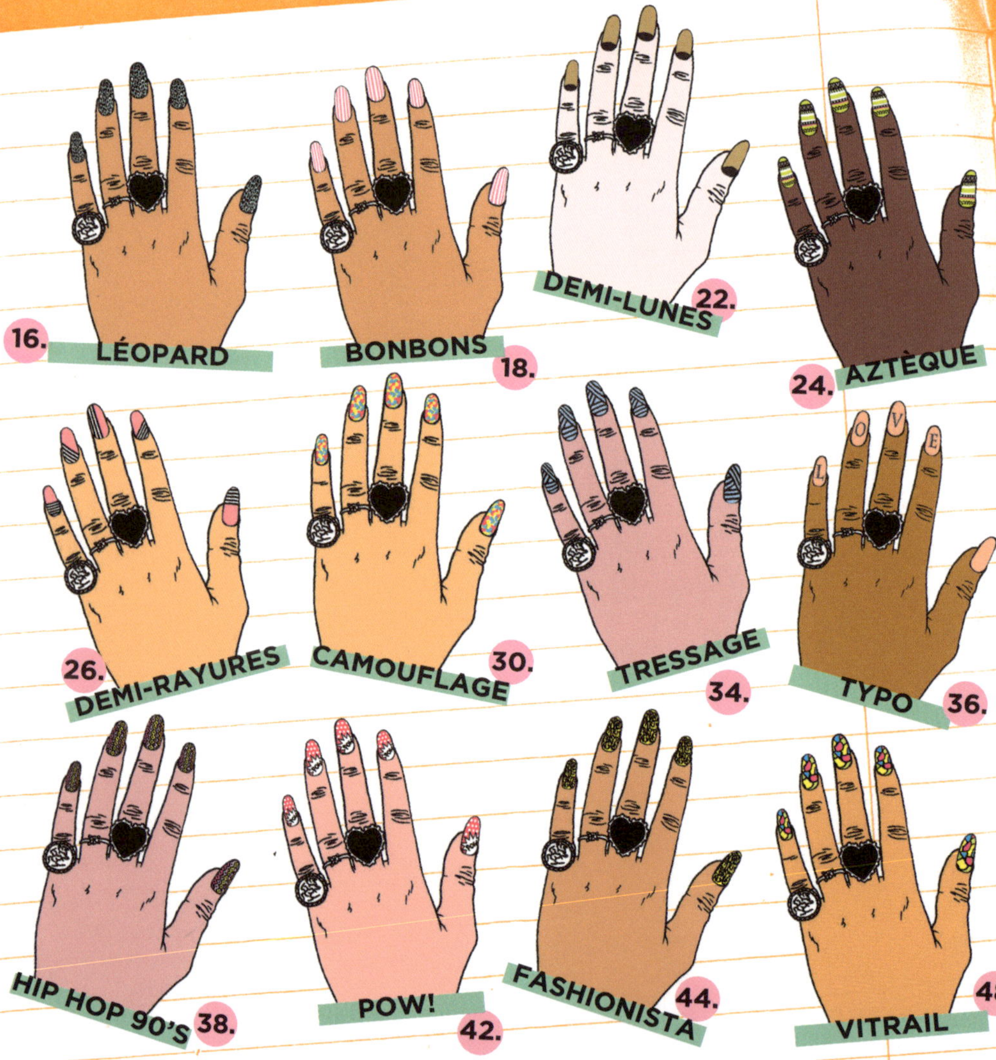
16. LÉOPARD
BONBONS 18.
DEMI-LUNES 22.
24. AZTÈQUE
26. DEMI-RAYURES
CAMOUFLAGE 30.
TRESSAGE 34.
TYPO 36.
HIP HOP 90'S 38.
POW! 42.
FASHIONISTA 44.
VITRAIL 48.

CRAQUELURES
54.
ZÈBRE
56.
NŒUDS
60.
ROSES
62.
COULANT
66.
YEUX
68.
DE STIJL
70.
RAYURES
72.
SMACK !
76.
FONDU PAILLETÉ
78.
MARBRE
84.
PLUIE DE STRASS
86.
DOUBLES STUDS
88.

TRUC DE PRO : PERSONNALISEZ CE MODÈLE EN UTILISANT DEUX OU TROIS POINTS DE DIFFÉRENTES COULEURS OU MÊME UNE BASE À TROIS RAYURES DOUBLÉE D'UN MOTIF LÉOPARD !

Léopard

Le motif léopard* WAH girl est celui qui a fait notre réputation dans le monde du nail art. Bien sûr, nous n'avons pas inventé les ongles léopard, mais nous leur avons donné une nouvelle dimension. L'imprimé léopard est un classique qui s'adapte à tous les styles, du plus chic au plus déjanté. En plus, il permet tant de palettes de couleurs différentes que vous trouverez forcément la combinaison qui vous plaira.

LE MATÉRIEL >

- Vernis vert menthe
- Vernis blanc
- Stylo nail art noir

LES ÉTAPES >

Étape 1. Appliquez le vernis vert menthe en couleur de base et laissez sécher.

Étape 2. Déposez des petites taches de vernis blanc sur l'ongle, en partant du centre, à l'aide d'un pinceau à peine humide.

Étape 3. Tracez des arcs de cercle autour des points blancs avec le stylo nail art.

Étape 4. Continuez jusqu'à ce que tous les points blancs soient partiellement entourés de noir.

Étape 5. Comblez les espaces en traçant des arcs de cercle vides et de petits traits noirs.

*** CRÉATION ORIGINALE À RETROUVER SUR LE SITE INTERNET SOUS LE NOM : LEOPARD.**

WAHgirl n°1 Claudia

J'ai 21 ans, je suis designer (je travaille principalement le PVC) et je suis en train de lancer mon propre magazine. Ma meilleure expérience nail art, ça a été le jour où mon amie Ashley m'a emmenée chez WAH pour une pose de Minx, histoire de me remonter le moral (je venais de me faire méchamment larguer). Dans un monde idéal, je serais un chat ou alors millionnaire.

TRUC DE PRO : CHOISISSEZ CINQ TONS PASTEL DIFFÉRENTS POUR UN EFFET À CROQUER !

Bonbons

Si jolis qu'on en mangerait… enfin, peut-être pas quand même. En tout cas, ces rayures acidulées ont la douceur des bonbons de notre enfance !

LE MATÉRIEL >
- Vernis rose
- Striper blanc

LES ÉTAPES >
Étape 1. Appliquez la couleur de base rose. Laissez sécher.

Étape 2. Tracez un fin trait bien droit au centre de l'ongle avec le striper blanc.

Étape 3. Tracez un deuxième trait à gauche du trait central, de la base de l'ongle à l'extrémité. Assurez-vous que les rayures sont bien parallèles.

Étape 4. Tracez un troisième trait à droite du trait central.

Étape 5. Continuez de tracer des rayures parallèles, de l'intérieur vers l'extérieur, en alternant les côtés, jusqu'à atteindre les bords de l'ongle. Vous obtiendrez ainsi un motif parfaitement régulier.

CRÉATION ORIGINALE À RETROUVER SUR LE SITE INTERNET SOUS LE NOM : CANDYSTRIPE.

WAHgirl n°2 Rae

J'ai 18 ans et j'étudie les sciences politiques, l'art et la littérature anglaise. Ma meilleure expérience WAH, c'est le jour où l'on a fêté nos 16 ans au salon WAH Nails Dalston, avec mon amie Dora. Shar a pété les plombs parce que quelqu'un avait démonté la porte des toilettes. C'était du grand n'importe quoi !

SUNDAY
SHOP+SWAP
SUN 23 JUL
11AM - 8PM
FENDI

“I’m just a girl”

TRUC DE PRO : POUR UN RÉSULTAT RENVERSANT, COMBINEZ DEMI-LUNES ET IMPRIMÉ LÉOPARD ! IL VOUS SUFFIT DE PEINDRE UN MINI-MOTIF LÉOPARD (PAGE 16) À L'INTÉRIEUR DE CHAQUE DEMI-LUNE.

Demi-lunes

Faites une entrée discrète dans le monde du nail art avec ce motif chic et classique. Les demi-lunes vont avec tout. Choisissez simplement deux couleurs contrastées et lancez-vous.

LE MATÉRIEL >
- Vernis nude
- Striper noir

LES ÉTAPES >

Étape 1. Appliquez le vernis nude en couleur de base. Laissez sécher.

Étape 2. Tracez un arc de cercle bien net à la base de l'ongle avec le striper noir pour former une sorte de croissant de lune.

Étape 3. Tracez un autre arc de cercle le long de la cuticule, toujours avec le striper.

Étape 4. Faites un léger mouvement de va-et-vient avec le striper de façon à vernir l'intérieur du croissant de lune.

Étape 5. Voyez le résultat et admirez la classe !

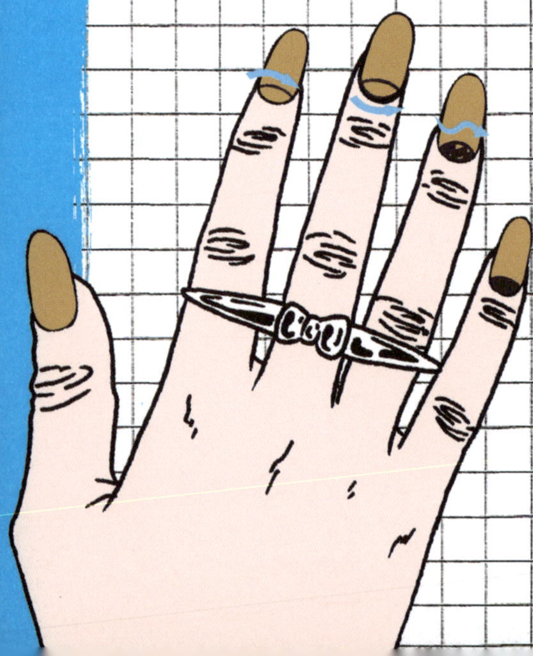

CRÉATION ORIGINALE À RETROUVER SUR LE SITE INTERNET SOUS LE NOM : HALF-MOON.

WAHgirl n°3 Alicia

J'ai 23 ans et je calque mon style sur celui de Brigitte Bardot, une icône tellement sensuelle... Je suis graphiste et obsédée d'infographie. Je suis accroc aux lignes épurées ! Quand je ne suis pas devant mon ordinateur, j'aime faire des puzzles avec mon chat, en écoutant Tom Vek ou The Black Keys.

TRUC DE PRO : COMME TOUS NOS MODÈLES, CE MOTIF EST CUSTOMISABLE À SOUHAIT. VARIEZ LES TRAITS ET LES COULEURS ET FAITES-VOUS PLAISIR !

Aztèque

Encore une création originale WAH girl imaginée à l'ouverture du salon en 2009 ! Inspiré d'une paire de leggings American Apparel que TOUT LE MONDE portait cet été-là, ce motif est assez délicat à réaliser, mais le résultat en vaut la peine !

LE MATÉRIEL >

- Vernis vert acidulé
- Striper blanc
- Striper rose
- Striper noir
- Stylo nail art noir
- Stylo nail art blanc
- BEAUCOUP DE PATIENCE !

LES ÉTAPES >

Étape 1. Appliquez la couleur de base vert acidulé. Laissez sécher.

Étape 2. Tracez des rayures de différentes épaisseurs en travers de l'ongle à l'aide des stripers blanc et rose, comme indiqué ci-contre.

Étape 3. Repassez les contours des rayures au striper noir.

Étape 4. Dessinez des zigzags et des petits points sur les motifs avec le stylo nail art noir.

Étape 5. Ajoutez des petits points noirs et blancs aux endroits nécessaires ou vides !

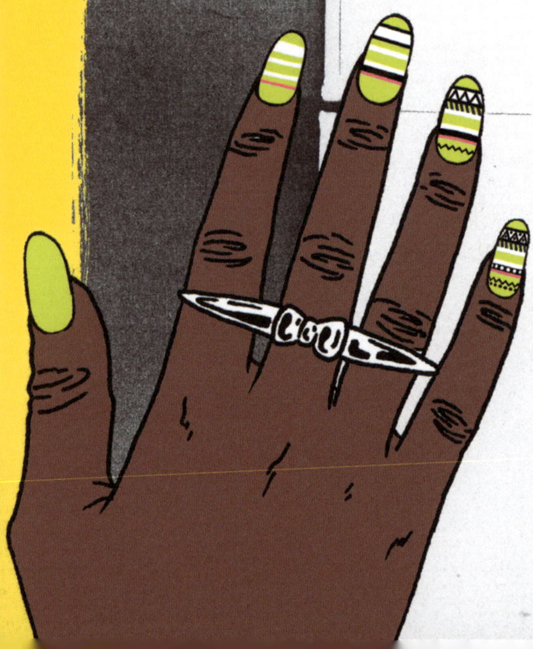

CRÉATION ORIGINALE À RETROUVER SUR LE SITE INTERNET SOUS LE NOM : AZTEC TRIBAL.

WAHgirl n°4 Radha

J'ai 26 ans et je suis directrice de label A&R pour le label musical Deadly People. Je suis aussi DJ et j'anime mon propre set, le Bounty, au club Alibi de Dalston, avec mes amis Kevin Morosky et Martelo. Je suis une inconditionnelle des ongles aztèques et je les porte tout le temps. Fait étonnant : je viens des West Midlands et j'ai du sang indien… exactement comme Shar.

Demi-rayures

Un thème avant-gardiste pour celles qui n'ont pas froid aux yeux. L'astuce pour ce modèle consiste à choisir un motif différent pour chaque ongle. Effet garanti. Malgré les apparences, ce projet ne requiert pas de savoir-faire particulier. L'essentiel est que vous ayez la main ferme lorsque vous manipulez le striper. Alors travaillez vos parallèles !

CRÉATION ORIGINALE À RETROUVER SUR LE SITE INTERNET SOUS LE NOM : HALF STRIPE

LE MATÉRIEL >
- Vernis corail
- Vernis blanc
- Striper noir

LES ÉTAPES >

Étape 1. Appliquez la couleur de base corail sur la moitié des ongles, en variant les angles. Laissez sécher.

Étape 2. Appliquez le vernis blanc sur l'autre moitié des ongles. Ne vous inquiétez pas si la ligne de démarcation entre les couleurs n'est pas parfaitement droite. Laissez sécher.

Étape 3. Tracez un trait noir bien droit et régulier avec le striper, à la limite entre le blanc et le corail.

Étape 4. Tracez un second trait noir sur la partie blanche, légèrement décalé par rapport au premier.

Étape 5. Continuez de tracer des rayures parallèles, de l'intérieur vers l'extérieur des ongles, jusqu'à ce que la partie blanche soit entièrement rayée.

TRUC DE PRO : VOUS FINIREZ FATALEMENT PAR VOUS TACHER LES DOIGTS EN PASSANT LE STRIPER NOIR SUR LE CONTOUR DES ONGLES. CE N'EST PAS GRAVE… VOUS POURREZ TOUJOURS LES NETTOYER AVEC VOTRE PINCEAU DE RETOUCHES.

WAHgirl n°5 Phoebe

Je suis une artiste de 24 ans et je vis dans l'East End, où je suis née. Je pratique principalement la vidéo, la photo et la sculpture. Ces derniers temps, je travaille beaucoup l'argile et mes ongles sont en piteux état! Mais ça ne m'empêche pas de me les faire bichonner. En ce moment, j'écoute beaucoup l'album *Coastal Groove* de Blood Orange, et *Party*, le dernier titre de Beyoncé. J'aime sortir n'importe où dans Londres, du moment qu'il y a un dancefloor et de la bonne musique.

Camouflage

TRUC DE PRO : CE MOTIF EST NETTEMENT PLUS FACILE À RÉALISER AVEC UN MODÈLE D'IMPRIMÉ CAMOUFLAGE SOUS LES YEUX. C'EST UN DE CES MOTIFS QUI SEMBLENT ALÉATOIRES MAIS NE LE SONT PAS DU TOUT, ALORS MIEUX VAUT COPIER L'ORIGINAL POUR UN EFFET PLUS AUTHENTIQUE!

Pour ce motif, nous nous sommes inspirées de l'une de nos marques de streetwear japonaises préférées, A Bathing Ape, célèbre pour ses imprimés camouflage. Le résultat est aussi joli avec trois tons d'une même couleur qu'avec trois couleurs contrastées, comme sur ce modèle.

LE MATÉRIEL >

- Vernis jaune vif
- Stylo nail art ou vernis rose
- Stylo nail art ou vernis bleu

LES ÉTAPES >

Étape 1. Appliquez le vernis jaune vif en couleur de base. Laissez sécher.

Étape 2. Dessinez des formes arrondies sur l'extérieur de l'ongle avec le stylo ou le vernis rose, comme illustré ci-contre.
Faites en sorte d'aller jusqu'au bord de l'ongle pour obtenir un effet imprimé réaliste.

Étape 3. Dessinez d'autres formes semblables au centre de l'ongle, en conservant une composition aérée.

Étape 4. Ajoutez des taches et des formes arrondies avec le stylo ou le vernis bleu, en débordant légèrement sur les taches roses.

Étape 5. Assurez-vous qu'il ne reste pas trop d'espaces vides et que la couleur de base reste visible.

WAHgirl n°6 Jeannette

J'ai 24 ans et je fais plein de choses parce que je déteste m'ennuyer. En ce moment, je fais de la musique, un peu de mannequinat et je vernis des ongles! Je change de chanson préférée comme de chemise, mais, pour l'instant, j'écoute *Cult Logic* de Miike Snow et *Young Blood* de The Naked And Famous. Je pratique le nail art lors de soirées et d'événements WAH et le meilleur de tous était le Crooked Tongues BBQ Summer 2011. C'était le paradis de l'ongle et de la basket!

“Light up the world!”

TRUC DE PRO : VÉRIFIEZ L'EXTRÉMITÉ DE VOTRE PINCEAU STRIPER. SI DES POILS DÉPASSENT, VOTRE MOTIF NE S'EN REMETTRA PAS, ALORS COUPEZ-LES AVEC DES CISEAUX À ONGLES !

Tressage

Zoom sur une trame de panier tressé pour un motif graphique abstrait.

LE MATÉRIEL>

- Vernis bleu
- Striper noir

LES ÉTAPES >

Étape 1. Appliquez le vernis bleu en couleur de base. Laissez sécher.

Étape 2. Tracez avec le striper noir une ligne légèrement inclinée, de gauche à droite et en démarrant à la base de l'ongle. Appuyez de façon constante sur le pinceau pour obtenir un trait d'épaisseur régulière. Une fois arrivée au bout de la ligne, décollez totalement la pointe du pinceau pour un fini impeccable.

Étape 3. Tracez de la même façon deux lignes au-dessus de la première, régulièrement espacées.

Étape 4. En partant de l'extrémité de l'ongle, tracez trois lignes en diagonale, avec le même espace entre elles.

Étape 5. Terminez par trois lignes en diagonale inclinées dans l'autre sens de manière à obtenir un effet de tressage triangulaire !

CRÉATION ORIGINALE À RETROUVER SUR LE SITE INTERNET SOUS LE NOM : BASKETCASE.

WAHgirl n°7
Carla

J'ai 25 ans, je suis écrivain et, évidemment, je rêve d'écrire le prochain best-seller du siècle, à l'égal de Stephen King. Quand j'étais petite, je conservais toutes mes cassettes de Kylie Minogue dans une horrible petite boîte rouge, que je sortais lorsque mes amies venaient jouer à la maison. Mais attention! Personne n'avait le droit d'y toucher! Mon meilleur souvenir chez WAH, c'est le jour où l'on m'a fait les ongles de Lady Carcass (la version gore de Lady Gaga) pour Halloween. Plus tard, je voudrais être Samantha Teasdale, propriétaire du salon de coiffure Bleach.

TRUC DE PRO : CHOISISSEZ LA POLICE DE CARACTÈRES QUE VOUS SOUHAITEZ REPRODUIRE AFIN DE CONNAÎTRE LA FORME EXACTE DE CHAQUE LETTRE, ET ENTRAÎNEZ-VOUS À DESSINER LES «S» ET LES «R» CAR CE SONT LES PLUS DIFFICILES À TRACER!

Typo

Quoi de mieux pour faire passer un message que de l'écrire sur ses ongles? Nous avons réalisé ce modèle pour la première fois pour une cliente graphiste super-cool, qui savait exactement ce qu'elle voulait. À tel point qu'elle avait imprimé la police de caractères avec laquelle elle souhaitait faire écrire le prénom de son petit ami! Nous avons choisi un style tatouage pour ce modèle… Si vous avez peur de vous faire tatouer les mots LOVE et HATE sur les phalanges, écrivez-les sur vos ongles!

CRÉATION ORIGINALE À RETROUVER SUR LE SITE INTERNET SOUS LE NOM : LETTERHEARD.

LE MATÉRIEL >

- Vernis nude
- Stylo nail art noir
- Stylo nail art blanc

LES ÉTAPES >

Étape 1. Appliquez une couche de vernis nude (le résultat est encore meilleur avec un ton adapté à la couleur de votre peau). Laissez sécher.

Étape 2. Dessinez la première lettre avec le stylo nail art noir, à environ 5 mm du bout de votre ongle.

Étape 3. Arrêtez votre tracé à environ 5 mm de la base de l'ongle pour que la lettre soit centrée.

Étape 4. Une fois la lettre terminée, ajoutez des petits traits en travers pour un style «marin tatoué» authentique.

Étape 5. Soulignez certaines parties des lettres avec le stylo blanc, comme illustré sur les ongles de Gina.

WAHgirl n°8 Gina

J'ai (seulement) 25 ans et je suis maquilleuse free-lance, mais dans une autre vie je serais Tank Girl. Mon meilleur souvenir chez WAH, c'est quand j'ai travaillé comme maquilleuse sur la tournée Vans x WAH. J'y ai rencontré des filles vraiment cool et ça m'a permis de maquiller tout en faisant le tour de l'Europe. C'était génial! Si je décide de grandir un jour, j'espère bien conserver mon style et mes griffes acérées!

TRUC DE PRO : PLUS ÇA DÉBORDE, MIEUX C'EST ! PAS LA PEINE DE FIGNOLER LES CONTOURS POUR CE MODÈLE !

Hip-hop 90's

En hommage à l'ère hip-hop des Native Tongues, ce motif associe les couleurs du D.A.I.S.Y. Age aux rythmes ethniques.

LE MATÉRIEL >

- Vernis mauve
- Vernis jaune
- Vernis rose
- Vernis orange
- Stylo nail art noir

LES ÉTAPES >

Étape 1. Appliquez la couleur de base mauve. Laissez sécher, puis prenez le vernis jaune et, en inclinant l'axe du pinceau, faites de grosses traces en forme de losange au centre de l'ongle, comme illustré ci-contre.

Étape 2. Faites une deuxième ligne de losanges au vernis rose, sur le bord gauche de l'ongle.

Étape 3. Répétez l'opération sur le bord droit avec le vernis orange.

Étape 4. Repassez les contours des losanges au stylo nail art noir, en appuyant légèrement.

Étape 5. Toujours à l'aide du stylo, ajoutez des points au centre des losanges et dans les espaces vides.

CRÉATION ORIGINALE À RETROUVER SUR LE SITE INTERNET SOUS LE NOM : 90S HIP HOP.

WAHgirl n°9 Charlet

J'ai 26 ans et je vis en couple. Je présente une émission sur le site web de Vice, intitulée *Fashion Week Internationale*, dans laquelle j'enquête sur les fashion weeks du monde entier. La semaine dernière, j'étais au Cambodge, et je serai au Nigeria le mois prochain. Si je pouvais changer de vie, je voudrais être un rastafari vivant dans une hutte en Jamaïque. Ce que j'aime chez WAH, c'est que personne ne WAH mes ongles comme WAH les WAH!

WAH fanzine #2

TRUC DE PRO : ATTENDEZ QUE LA COULEUR DE BASE SOIT COMPLÈTEMENT SÈCHE AVANT DE DESSINER LES BULLES. SINON, CELA RISQUE DE TERNIR LE BLANC.

POW!

Parce qu'on est toutes des super-women, on aime épater la galerie avec nos ongles «POW!». Inspiré de notre amour pour la BD et des œuvres de l'artiste Roy Lichtenstein, ce modèle a été créé à l'ouverture du salon… et c'est toujours l'un des plus demandés !

LE MATÉRIEL >

- Cinq vernis de couleurs différentes
- Stylo nail art blanc
- Stylo nail art noir

LES ÉTAPES >

Étape 1. Appliquez une couleur de base différente sur chaque ongle. Laissez sécher.

Étape 2. À l'aide du stylo nail art blanc, dessinez une bulle en forme d'explosion dans le coin inférieur de chaque ongle.

Étape 3. Ajoutez des petits points blancs nets sur la partie colorée de l'ongle.

Étape 4. Lorsque toutes les bulles sont sèches, complétez-les au stylo nail art noir en y inscrivant des onomatopées comme «POW!», «CRASH!», «BANG!» ou encore «WHAM!».

Étape 5. Repassez le contour des bulles au stylo noir.

Simona

WAHgirl n°10

J'ai 23 ans et je suis technicienne en onglerie chez WAH. En fait, j'ai été la première employée du salon! Ma meilleure création était vraiment unique et sensationnelle. C'étaient des ongles edge en cinq couleurs acryliques très vives. Le résultat était dément et tout le monde les a adorés! J'aime aller en soirée aux Corsica Studios, à Londres, et en ce moment j'écoute tout ce qui sort sous le label Young Money. J'ai hâte de décrocher mon permis et de partir avec mes amis pour un road trip aux États-Unis.

TRUC DE PRO : ESSAYEZ DE MODIFIER LA DISPOSITION DES MOTS SUR CHAQUE ONGLE POUR SOULIGNER L'EFFET IMPRIMÉ.

Fashionista

Pour toutes les fashionistas prises dans le tourbillon de la semaine internationale de la mode, ce motif inspiré du légendaire artiste Stephen Sprouse devrait ajouter une touche de beauté à la folie ambiante.

LE MATÉRIEL >

- Vernis jaune
- Vernis rose
- Vernis orange
- Stylo nail art noir

LES ÉTAPES >

Étape 1. Appliquez les vernis jaune, rose et orange en changeant de couleur à chaque doigt. Laissez sécher.

Étape 2. À l'aide du stylo nail art noir, écrivez «NEW YORK» en partant du bout de l'ongle. Faites en sorte que certaines lettres soient coupées au niveau des bords pour créer un effet imprimé.

Étape 3. Lorsque vous arrivez au bord de l'ongle, écrivez la suite du mot sur la ligne suivante. Vos mots seront coupés en deux, mais c'est le but!

Étape 4. Continuez d'écrire de gauche à droite, en ajoutant les noms d'autres grandes capitales de la mode (PARIS, LONDRES, TOKYO, MILAN) ou de n'importe quelle ville qui vous tient à cœur!

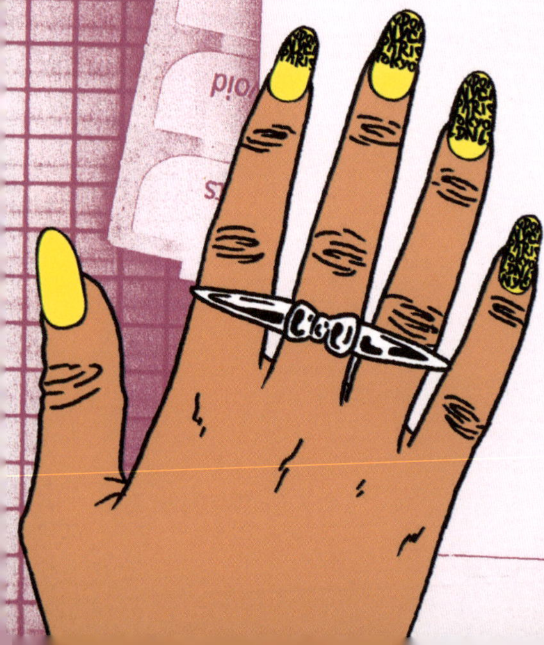

CRÉATION ORIGINALE À RETROUVER SUR LE SITE INTERNET SOUS LE NOM: 90S FASH LIFE.

WAHgirl n°11 Ashley

J'ai 23 ans et j'étudie le prêt-à-porter féminin à l'université de Westminster. Ma chanson préférée en ce moment, c'est *Under The Ivy* de Kate Bush. J'aime bien l'écouter en mangeant des saucisses. La première fois que je suis venue chez WAH, j'ai rencontré un petit chien noir trooooop mignon ! Mes ongles préférés, ce sont les Minx camouflage rose.

VANS

Tournée WAH x Vans 2011

TRUC DE PRO : ESSAYEZ DE VOUS PROCURER DU VERNIS TRANSLUCIDE OU DU VERNIS EFFET GEL POUR UN RENDU ENCORE PLUS SPECTACULAIRE!

Vitrail

Faites le plein de couleurs en imitant l'art millénaire des vitraux.

LE MATÉRIEL >

- Vernis jaune
- Vernis bleu
- Vernis rose
- Vernis vert citron
- Stylo nail art noir

LES ÉTAPES >

Étape 1. Faites trois petites taches de vernis jaune bien espacées en posant le pinceau à plat pour obtenir des formes plus ou moins carrées.

Étape 2. Ajoutez quelques taches bleues à proximité des taches jaunes, mais sans les superposer.

Étape 3. Ajoutez du rose en veillant à ne pas déborder sur les autres couleurs.

Étape 4. Utilisez le vernis vert citron pour remplir les espaces vides.

Étape 5. À l'aide du stylo nail art noir, tracez les contours de chaque tache de couleur pour créer un effet de vitrail.

CRÉATION ORIGINALE À RETROUVER SUR LE SITE INTERNET SOUS LE NOM : BASKETCASE.

WAHgirl n°12
Isamaya

J'ai 22 ans et je suis *body painter* et artiste performeur. J'adore le maquillage mais je ne m'épile pas les sourcils. Le plus grand superhéros du monde est Brienne de Torth, mais Arnold Schwarzenegger est bien placé dans mon classement, lui aussi. Mon premier souvenir remonte à quand j'avais 4 ans et que je regardais *Terminator* avec mon frère. Quand je serai grande, j'aimerais battre Schwarzy au développé couché !

Bleach

Le salon Bleach London est notre complice n° 1, notre alter ego. Ce qu'on fait pour les ongles, elles le font pour les cheveux. Nous sommes à Lil'Kim ce qu'elles sont à Courtney Love, comme les deux faces d'une même pièce fondue dans le girl-power des années 90. On les adore parce que ce sont les meilleures coloristes du monde et qu'elles influencent les tendances de mode internationales. Elles organisent aussi des soirées cool dans leur salon et portent des minijupes avec de gros pulls en laine.

Noms et âges : Sam Teasdale, 28 ans, et Alex Brownsell, 23 ans.

Que faites-vous ? Directrice générale (Sam) et directrice artistique (Alex) de Bleach.

Racontez-nous l'histoire de Bleach : J'avais l'habitude de me faire coiffer par Alex. C'est comme ça que nous sommes devenues amies et qu'on a décidé de travailler ensemble. On voulait ouvrir notre salon en se basant sur les demandes de colorations et de décolorations qu'Alex recevait. Alors on a monté notre projet, mais, finalement, on a atterri dans l'arrière-salle de WAH.

Qui est votre héros?
On en a deux : Gazza et Mel B.

Qui est votre icône de la mode préférée?
Bananarama.

Principales influences?
Lady Di et Donald Trump.

Décrivez votre esthétique:
Trash chic.

Votre création préférée?
Les mèches mauves de Hilary Alexander.

Votre coiffure préférée de tous les temps?
Flock of Seagulls/Lady Di/Donald Trump.

Votre meilleure expérience WAH Nails?
La séance photo spéciale ongles et cheveux de Halloween.

Quelle est votre tendance préférée du moment?
Le bronzage en spray.

Les derniers achats dont vous êtes les plus fières ?
Un bomber de la tournée «Blonde Ambition» et des bottines compensées Chloe.

La playlist idéale d'après Bleach?
«Unpretty» de TLC, «War of Nerves» de All Saints, «A Whole New World» de Katie Price et Peter Andre, «Never Let Me Go» de Florence and the Machine, «Good Enough» de Cindy Lauper.

Votre endroit préféré pour sortir?
N'importe où sur Kingsland Road, à Dalston.

LÉOPARD WAH
NŒUDS À POIS
IMPRIMÉ AZTÈQUE
ANCRES
RAYURES BRETONNES
BANNIÈRES ÉTOILÉES
SMOKINGS
NUAGES
MIX MARBR
PÂQUERETTES
CHEVRONS
LETTRES
PALMIERS
ARC-EN-CIEL TRIBAL
STUDS PYRAMIDES
COULANT
POW!
TRESSAGE
SQUELETTES
ART DÉCO
FONDU PAILLETÉ
KILTS
ROSES
DEMI-RAYURES
JOLIS YEUX
YING YANG
BONSHOMMES
DÉGRADÉ
TRIUMVIRAT
STREET ART
CROCS
PEACE AND LOVE
PIED-DE-POULE
FLASH
ELEY KISHIMOTO
EXCLAMATIONS
JACQUARD
DIAMANTS
PODIUMS
CACHEMIRE
SÉISME
DOUBLE FRENCH
FONDU
VITRAIL
SMILEY
TÊTES DE MORT
POIS
DOMINOS
CŒURS
STUDS ÉGYPTIENS
DEMI-ZÈBRE

Le Top 100 Wah Nails

TRUC DE PRO : ATTENDEZ QUE LA COUCHE DE BASE SOIT COMPLÈTEMENT SÈCHE AVANT D'APPLIQUER LE SMASH-UP. SINON, ÇA NE MARCHERA PAS. POUR TUER LE TEMPS, REPASSEZ-VOUS LES MEILLEURES SCÈNES DE CLUELESS EN DVD !

Craquelures

Le vernis craquelé est l'une des dernières innovations en onglerie et on adore jouer avec ce produit et tester toutes les possibilités ! Essayez cette technique en dégradé pour des ongles à la pointe de la mode !

CRÉATION ORIGINALE À RETROUVER SUR LE SITE INTERNET SOUS LE NOM : SHATTER.

LE MATÉRIEL >

- Vernis bleu
- Vernis jaune
- Pic en bois
- Vernis smash-up WAH Nails Models Own

LES ÉTAPES >

Étape 1. Appliquez le vernis bleu sur un peu plus de la moitié inférieure de l'ongle. Chargez bien le pinceau car cette couche doit rester humide.

Étape 2. Appliquez le vernis jaune sur la moitié supérieure de l'ongle en chevauchant légèrement la partie bleue.

Étape 3. Avant que le vernis sèche, mélangez les couleurs au centre de l'ongle à l'aide du pic en bois de manière à créer un dégradé. Répétez les étapes 1 à 3 pour chaque ongle.

Étape 4. Lorsque vos ongles sont complètement secs, couvrez le tout avec le vernis smash-up. Ne vous inquiétez pas si le résultat n'est pas beau à voir !

Étape 5. Extasiez-vous tandis que le vernis se craquelle et révèle l'effet smash-up !

WAHgirl n°13 Alisha

J'ai 25 ans et je suis coiffeuse au super salon Bleach London. J'ai coiffé Shar le lendemain de son accouchement! Je suis accroc aux sucreries et aux chaussures. Mon dernier achat est une paire de brogues à paillettes Miu Miu avec des clous en cristal sur les talons! Je me considère comme une lady, donc je fréquente assez peu les clubs. Je suis plutôt du genre ciné-resto. J'ai prévu deux grands voyages pour l'année prochaine et j'ai hâte d'y être. Je ferais bien de commencer à réfléchir aux ongles qu'il me faudra pour partir!

TRUC DE PRO : POUR UN LOOK DE TIGRESSE, REMPLACEZ LE BLANC PAR DU ORANGE !

Zèbre

Laissez parler votre côté sauvage avec ces ongles zébrés. C'est un motif simple, mais percutant et efficace.

LE MATÉRIEL >
- Vernis blanc
- Striper noir

LES ÉTAPES >
Étape 1. Appliquez le vernis blanc en couleur de base. Laissez sécher.

Étape 2. À l'aide du striper noir, dessinez des zébrures régulièrement espacées du bord gauche vers le centre, en démarrant à la base de l'ongle. Pour cela, commencez en appuyant fermement sur le pinceau et relâchez progressivement la pression au fur et à mesure que vous approchez du centre. Vous obtiendrez ainsi des rayures triangulaires.

Étape 3. Peignez trois ou quatre zébrures régulièrement espacées jusqu'à ce que vous atteigniez le bout de l'ongle.

Étape 4. Faites de même sur le côté droit de l'ongle, en plaçant les zébrures dans les espaces libres.

Étape 5. Soyez ébahie par les dix petits bijoux au bout de vos doigts.

CRÉATION ORIGINALE À RETROUVER SUR LE SITE INTERNET SOUS LE NOM : ZEBRA.

WAHgirl n°14 Christina

J'ai 19 ans et je travaille dans le monde du stylisme. Ma chanson préférée du moment, c'est *You Mi Need* de Vybez Kartel. La première fois que je suis allée chez WAH, j'en suis sortie avec un motif zébré or et paillettes et j'ai mis une semaine à descendre de mon petit nuage ! LOL… Je suis à mi-chemin entre le hipster et le bling-bling : chaînes en or et motifs cachemire, imprimés galactiques, ongles Minx dorés, noir, blanc et or, rayures et encore un peu d'or ! Fait étonnant : quand j'étais petite, j'habitais juste à côté de chez Sharmadean, la big bo$$ de WAH, à Wolverhampton.

IYAH
(ah - lee - yah)
Age Ain't Nothing But A Number
KODAK 5063 TX
KODAK 5059

“More than a woman”

TRUC DE PRO : DESSINEZ DES PETITS NŒUDS À POIS POUR UN STYLE IRRÉSISTIBLE!

Nœuds

Ces petits nœuds apporteront une touche ultraféminine à vos ongles. Choisissez des couleurs tendres et claires pour un effet encore plus craquant.

LE MATÉRIEL >

- Vernis vert menthe
- Vernis rose
- Striper ou stylo nail art blanc
- Stylo nail art noir

LES ÉTAPES >

Étape 1. Appliquez les vernis de base rose et vert menthe sur chaque ongle en alternant les couleurs. Laissez sécher.

Étape 2. Tracez une croix sur la moitié supérieure de l'ongle avec le striper blanc.

Étape 3. Tracez deux petits traits verticaux avec le même striper pour fermer les côtés de la croix et obtenir une sorte de nœud papillon.

Étape 4. Coloriez le nœud papillon avec du vernis blanc.

Étape 5. Pressez le stylo nail art blanc jusqu'à ce qu'une petite goutte de vernis se forme sur la pointe. Relâchez et posez délicatement cette goutte au centre du nœud de manière à dessiner un joli cercle.

Étape 6. Repassez tous les contours du nœud au stylo nail art noir. Pour finir, dessinez les plis en ajoutant deux petits traits de chaque côté du centre du nœud.

CRÉATION ORIGINALE À RETROUVER SUR LE SITE INTERNET SOUS LE NOM : BOWS.

WAHgirl n° 15

J'ai 22 ans et je suis technicienne en onglerie au salon WAH Nails d'Oxford Circus. Beyoncé est la plus grande pop star du moment et j'écoute la chanson *Countdown* en boucle. J'aime mes amis, ma famille et mon petit ami, évidemment, mais je ne pourrais pas vivre sans ma veste en cuir non plus. Bien sûr, j'ai verni des centaines d'ongles, mais ma création préférée est une base nude avec double studs. Dans le futur, je compte continuer de travailler dur et apprendre un maximum de techniques pour devenir, si tout se passe bien, la meilleure technicienne en onglerie du monde !

TRUC DE PRO : CHOISISSEZ TROIS TONS DE N'IMPORTE QUELLE COULEUR POUR CRÉER VOS ROSES. POUR LA SAINT-VALENTIN, OPTEZ POUR LE ROUGE.

Roses

Ce modèle est frais comme la rosée du matin ! En plus d'être absolument ravissant, c'est le motif idéal pour fêter l'arrivée des beaux jours !

LE MATÉRIEL >

- Vernis blanc
- Vernis rose
- Vernis lilas
- Vernis rouge
- Vernis vert
- Stylo nail art noir

LES ÉTAPES >

Étape 1. Appliquez deux couches de vernis blanc pour la base. Laissez sécher.

Étape 2. Déposez une pointe de vernis rose au centre de l'ongle, une pointe de vernis lilas sur l'extrémité et une pointe de rouge à la base, puis variez la disposition pour chaque ongle.

Étape 3. Ajoutez quelques feuilles vertes avec l'angle du pinceau pour obtenir des formes triangulaires.

Étape 4. Soulignez partiellement les contours des taches de couleur et des feuilles au stylo nail art noir.

Étape 5. Terminez en ajoutant de petits arcs de cercle au centre des roses pour figurer les pétales.

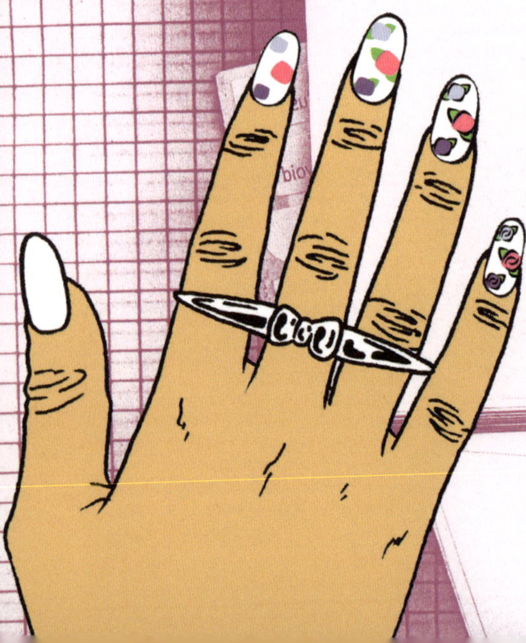

WAHgirl n°16 Annie

J'ai 22 ans et je suis en dernière année de fac de stylisme. J'aime créer de jolis sacs à dos et de superbes vestes de motard. Dans une autre vie, j'aurais voulu être *Lisa Left Eye* Lopes (RIP) ou l'une des filles super-sexy de mon film préféré, *Belly*. Mon meilleur souvenir WAH, c'est avec mon amie Ashley, le jour où on a regardé Clueless en se faisant faire les ongles, tout en buvant du thé et en mangeant du chocolat ! Mon rêve serait d'avoir ma propre boutique de fringues :D.

1. NENEH CHERRY – "BUFFALO STANCE"
2. TECHNOTRONIC – "PUMP UP THE JAM"
3. BEYONCÉ – "UPGRADE U"
4. KELIS – "BOSSY"
5. JENNIFER LOPEZ – "JENNY FROM THE BLOCK"
6. L7 – "SHOVE"
7. HOLE – "CELEBRITY SKIN"
8. GWEN STEFANI – "HOLLABACK GIRL"
9. BRITNEY – "I'M A SLAVE 4 YOU"
10. CRISTINA – "DISCO CLONE"
11. MADONNA – "JUSTIFY MY LOVE"
12. M.I.A. – "BAMBOO BANGA"

UPGRADE

TRUC DE PRO : UNE FOIS QUE VOUS MAÎTRISEZ CETTE TECHNIQUE, VOUS POUVEZ ESSAYER D'AJOUTER DE VRAIES COULURES EN SURCHARGEANT LE PINCEAU À VERNIS !

Coulant

Ceci est une de nos créations originales préférées ! Parfois, l'inspiration vient directement des produits que l'on utilise et cette idée nous est venue le jour où on a reçu le vernis le plus chocolaté et le plus appétissant qu'on ait jamais vu ! Notre premier réflexe a été de créer un motif crème glacée coulis chocolat, qu'on a ensuite décliné sur les thèmes gelée verte, rouge sang et peinture rose. Nos clientes en raffolent !

LE MATÉRIEL >

- Vernis rose
- Stylo nail art noir

LES ÉTAPES >

Étape 1. Appliquez la couleur de base rose. Laissez sécher.

Étape 2. À l'aide du stylo nail art noir, tracez les contours d'une longue puis d'une petite coulure, en commençant près de la base de l'ongle.

Étape 3. Continuez en dessinant une grosse coulure au centre de l'ongle.

Étape 4. Terminez par des coulures plus courtes et variez le motif sur chaque ongle pour obtenir une création unique.

Étape 5. Pressez le stylo nail art et remplissez les coulures de vernis noir. Vous pouvez même ajouter de petites éclaboussures en dehors des coulures !

CRÉATION ORIGINALE À RETROUVER SUR LE SITE INTERNET SOUS LE NOM : DRIPPY.

WAHgirl n°17 Charlotte

J'ai 22 ans et je fais un peu de tout. J'assiste Shar sur des missions de casting et de stylisme, lors des séances photos. Je tiens aussi un fanzine intitulé The Mushpit avec ma colocataire, Bertie. On y parle de filles, de mode et de mecs. En fait, c'est un magazine pour celles qui ont toujours l'impression d'avoir 17 ans mais ne les ont plus ! Ah, et j'étudie aussi l'anglais et les médias au Goldsmiths College. En ce moment, j'écoute *212* d'Azelia Banks sur mon iPod. Je l'adore. Mon meilleur souvenir WAH, c'est quand j'ai fait la tournée Vans avec toutes les filles de WAH. On est allées à Amsterdam, Berlin et Milan. C'était de la folie furieuse !

TRUC DE PRO : AJOUTEZ QUELQUES PAILLETTES BLEUES SUR L'IRIS POUR DONNER PLUS D'ÉCLAT À VOS YEUX !

Yeux

Cette création n'est pas réservée à Halloween ! Osez le gore avec ces yeux injectés de sang !

LE MATÉRIEL >

- Vernis blanc
- Stylo nail art bleu
- Stylo nail art noir
- Stylo nail art blanc
- Stylo nail art rouge

LES ÉTAPES >

Étape 1. Appliquez le vernis blanc en couleur de base. Cette étape est assez délicate, alors faites très attention au niveau des bords et des cuticules. Laissez sécher.

Étape 2. À l'aide du stylo nail art bleu, tracez un cercle au centre de l'ongle, puis pressez délicatement le stylo et déposez une goutte de vernis au milieu du cercle de façon à le remplir entièrement.

Étape 3. À l'aide du stylo nail art noir, dessinez un plus petit cercle au centre.

Étape 4. Pressez le stylo nail art blanc jusqu'à ce qu'une toute petite goutte se forme à l'extrémité. Relâchez et déposez cette goutte de vernis sur le bord du rond noir. Attention : la pointe du stylo ne doit pas toucher l'ongle. Ce point blanc correspond au reflet dans l'œil.

Étape 5. Prenez le stylo nail art rouge et dessinez les vaisseaux sanguins en allant du bord vers le centre. Tracez des zigzags et des pattes d'oie pour donner un effet plus authentique.

CRÉATION ORIGINALE À RETROUVER SUR LE SITE INTERNET SOUS LE NOM : EYEBALL.

WAHgirl n°18
Carri

J'ai 31 ans et je suis directrice et designer de la marque CASSETTEPLAYA. Les costumes pour chien et la musique de Kingdom ont le don de me mettre de bonne humeur. Le vêtement le plus cool que j'ai acheté cette année est un manteau en fausse fourrure à imprimé léopard. Le même que celui de Patricia Arquette dans *True Romance*. Je vais chez WAH depuis l'ouverture du salon et mes motifs préférés sont BAPE Camo et les cornets de glace 3D… Mon meilleur souvenir WAH, c'est quand l'équipe de WAH faisait une démonstration de ses talents pendant la CASH Money Party !

TRUC DE PRO : SI VOUS N'ARRIVEZ PAS À TRACER DES LIGNES BIEN DROITES, UTILISEZ DU FIL AUTOCOLLANT NOIR POUR LES FINITIONS.

De Stijl

Beaucoup de nos créations s'inspirent de différents mouvements artistiques, mais ces aplats de couleur rendent si bien qu'on a décidé de les reproduire tels quels.

LE MATÉRIEL >
- Vernis blanc
- Striper rouge
- Striper bleu
- Striper jaune
- Stylo nail art noir

LES ÉTAPES >

Étape 1. Appliquez le vernis blanc en couleur de base. Laissez sécher.

Étape 2. Dessinez un grand carré sur la partie gauche de l'ongle avec le striper rouge, en occupant environ un tiers de la hauteur. Remplissez ce carré de vernis rouge.

Étape 3. Dessinez un angle droit dans le coin inférieur de l'ongle avec le striper bleu, en faisant en sorte qu'il touche le coin du carré rouge. Remplissez de vernis bleu. Dessinez un autre angle sur le bout de l'ongle avec le striper jaune sans qu'il touche le carré rouge. Remplissez de vernis jaune.

Étape 4. Lorsque toutes les couleurs sont bien sèches, tracez des lignes bien droites à l'aide du stylo nail art noir de manière à surligner les contours de toutes les formes colorées.

Étape 5. Pour terminer, ajoutez un petit trait horizontal sous l'aplat jaune et deux petits traits verticaux sous le carré rouge.

WAHgirl n°19 Coralie

Je fais ce que j'appelle de la «poly création». Autrement dit, je fais un peu de tout! Je fréquente régulièrement Mothers Meeting, un groupe pour mamans cool créé par la graphiste Jenny Scott. C'est là que j'ai rencontré Shar et son fils, Roman. Comme Shar, je suis une maman active, alors cette année je me suis offert une paire de Louboutin à tomber par terre. Mes ongles WAH préférés sont ceux que je porte sur cette photo. Ils sont canon!

Rayures

TRUC DE PRO : SI VOUS AVEZ LES ONGLES COURTS, VOUS POUVEZ FACILEMENT ADAPTER CE MOTIF EN TRAÇANT DES LIGNES VERTICALES, CE QUI DONNERA L'IMPRESSION QUE VOS ONGLES SONT PLUS LONGS.

Pour les jours où le sérieux est de rigueur, quoi de plus sûr que les rayures? Nous avons choisi de vous présenter un modèle noir, rose et or, notre combo préféré, mais pour un effet encore plus sobre et graphique, optez pour un camaïeu.

LE MATÉRIEL >

- Vernis or
- Vernis blanc
- Striper rose
- Striper noir

LES ÉTAPES >

Étape 1. Appliquez les vernis blanc et or pour la base, en alternant les couleurs. Laissez sécher.

Étape 2. Tracez une ligne bien droite au tiers de l'ongle avec le striper rose. Remplissez de vernis rose jusqu'à la cuticule avec la pointe du striper.

Étape 3. Répétez l'opération avec le striper noir sur le bout de l'ongle cette fois.

Étape 4. Tracez une ligne horizontale bien droite au centre de l'ongle avec le même striper.

Étape 5. Reprenez le striper rose et tracez un fin trait sous l'aplat noir au bout de votre ongle.

CRÉATION ORIGINALE À RETROUVER SUR LE SITE INTERNET SOUS LE NOM : GRAPHIC STRIPES.

Suzannah

WAHgirl n°20

J'ai 25 ans et je suis artiste. Je suis aussi cofondatrice de la plate-forme créative Over It & Co. J'ai tenu ma première exposition solo chez WAH Nails Dalston. C'était génial. Ma plus folle expérience WAH, c'est quand on m'a fait les ongles au milieu de la Tate Britain Gallery pour l'événement «Bring The Noise», inspiré de Chris Ofili. On aurait dit que mes ongles avaient des superpouvoirs ! Mon but, cette année, sera de vivre en accord avec mon mantra : faire de l'art avec intégrité. Amusez-vous. Explorez le monde.

Jenny, manager de WAH

Nom : Jenny On

Âge : 23 ans

Profession : Je suis le bras droit de Sharmadean, à la direction de l'empire WAH.

Racontez-nous vos débuts chez WAH : Je suis allée pour la première fois au salon de Dalston en 2009 avec quelques amies qui connaissaient Sharmadean. On a discuté et elle m'a proposé de travailler dans leur salon temporaire Topshop, sur Oxford Circus. Évidemment, j'ai accepté. La concession de un mois s'est transformée en contrat permanent, et dix-huit mois plus tard j'ai été titularisée !

À quoi ressemble une journée type au QG de WAH ? Au QG de WAH, les journées types n'existent pas. C'est bien dommage ! Quand j'arrive au travail, je prends ma liste de choses à faire, je me fais un café et juste au moment où je me dis que ça va être une journée facile, j'apprends qu'on doit faire une séance photo de dernière minute ou qu'une livraison a été annulée. Tout va très vite chez WAH et j'ai appris à faire avec ! Mais je ne m'en plains pas. Au moins, j'ai toujours quelque chose à faire et je ne m'ennuie jamais dans l'univers de WAH.

Qu'est-ce qui vous plaît le plus dans votre travail ? Il y a toujours quelque chose de nouveau en préparation. Chaque fois qu'un nouveau projet ou une nouvelle collaboration démarre, je suis excitée comme une puce ! Et puis, ce qui est vraiment génial chez WAH, c'est qu'on est les meilleures dans notre domaine. Que demander de plus ?

Et qu'est-ce qui vous pose le plus de problèmes ? Le plus dur, c'est de maintenir le niveau de performance de l'entreprise, du personnel et, surtout, de ma patronne !

Décrivez l'esthétique de WAH en quelques mots : La zone entre dans les beaux quartiers.

Qui est votre icône de la mode ? Je n'ai pas d'icône particulière, mais je pense que j'ai beaucoup de chance d'avoir grandi à Londres, où tout le monde a un style intéressant, quel que soit le quartier où il habite.

Principales influences ? Tous ceux que j'aime autour de moi.

Ongles préférés de tous les temps ? Les ongles Eley Kishimoto monochromes, qui figurent sur notre carte. Ils sont superbes et vont avec tout.

Quelle nouveauté pour les ongles dans le futur ? Avec WAH, tout est possible.

Meilleure expérience WAH : Chaque fois que Sharmadean sort et crie dans la rue : « HELLO, DALSTON ! »

À quoi pensez-vous en ce moment ? À ce que je vais porter ce soir.

Quel est votre look préféré en ce moment ? Jupe courte en cuir ou robe longue et bottes. Le tout en noir, évidemment.

Dernier achat dont vous êtes le plus fière ? Ma salopette en jean noir. Je peux la porter avec des bottes pour travailler et avec des talons pour sortir…

Playlist WAH idéale ? Du hip-hop !

Lieu de sortie préféré ? Je finis toujours dans l'East End. C'est là qu'on trouve les meilleurs restaurants avec les meilleurs plats vietnamiens et antillais. Et puis on s'éclate toujours dans les soirées dans les entrepôts.

Qu'attendez-vous de l'avenir ? Toujours plus de réussite et de bons souvenirs.

TRUC DE PRO : UNE FOIS QUE VOUS MAÎTRISEZ LES LÈVRES DE BASE, FAITES-LEUR FAIRE LA MOUE EN DESSINANT DE PETITS PLIS.

Smack !

Selon la taille et la longueur de vos ongles, vous devriez pouvoir dessiner deux ou trois paires de lèvres par ongle. Gardez une photo de lèvres à portée de main, en guise de modèle, et jouez avec les couleurs ! Testez les lèvres noires sur fond rose, vous m'en direz des nouvelles !

CRÉATION ORIGINALE À RETROUVER SUR LE SITE INTERNET SOUS LE NOM : LIPS.

LE MATÉRIEL >

- Vernis rose
- Stylo nail art rouge

LES ÉTAPES >

Étape 1. Appliquez la couleur de base rose. Laissez sécher.

Étape 2. Testez rapidement la couleur du stylo nail art rouge sur un morceau d'essuie-tout. Éliminez toutes les éventuelles bulles d'air à l'intérieur du stylo.

Étape 3. Tracez dans le bas de l'ongle le contour d'une paire de lèvres légèrement inclinée.

Étape 4. Remplissez les contours à l'aide du stylo rouge en laissant les lèvres entrouvertes et en veillant à ne pas déborder.

Étape 5. Dessinez deux autres paires de lèvres sur le même ongle. La deuxième paire sera inclinée dans le sens opposé, à mi-hauteur de l'ongle. Dessinez les contours puis coloriez. Placez la dernière paire sur le bout de l'ongle en variant de nouveau l'inclinaison, puis coloriez.

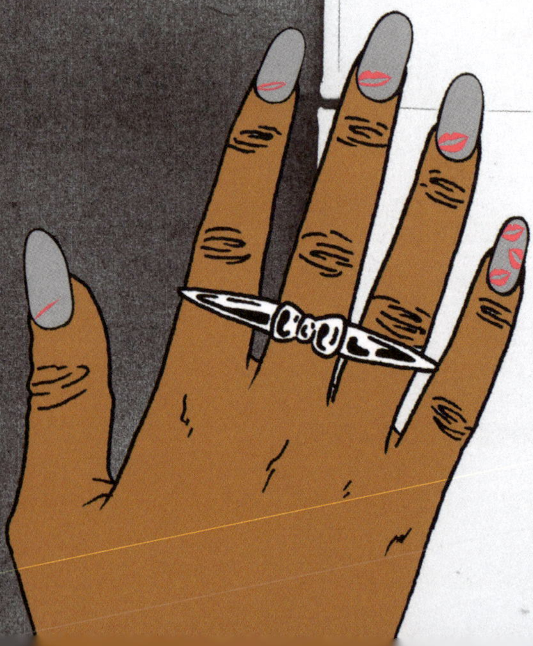

WAHgirl n°21 Iona

J'ai 17 ans et je suis étudiante et «Burgerette» chez Meatwagon, le célèbre food truck londonien. J'ai honte de le dire, mais, en ce moment, je suis fan de Drake. Ce que j'aime dans la vie? Manger et mon génialissime petit ami. L'an prochain, j'aimerais retourner à New York parce qu'on s'est éclatées l'an dernier, là-bas, avec Mollie et Shar. Mon modèle WAH préféré? Les ongles Camouflage!

TRUC DE PRO : POUR CRÉER UN EFFET DÉGRADÉ, POSEZ UN FONDU PAILLETÉ DE COULEUR SUR LE BOUT DE L'ONGLE ET ÉTALEZ-LE JUSQU'AU MILIEU.

Fondu pailleté

Parfois, il suffit de quelques paillettes pour retrouver le sourire. Essayez ce motif simple et rapide pour un relookage express !

LE MATÉRIEL >
- Vernis noir
- Vernis doré pailleté

LES ÉTAPES >
1. Appliquez le vernis noir en couleur de base. Laissez sécher.

2. Chargez bien le pinceau de vernis doré pailleté et déposez-en un gros paquet sur le bout de l'ongle.

3. Frottez le pinceau sur le goulot du pot jusqu'à ce qu'il soit pratiquement sec puis, en partant du centre de l'ongle, étalez le vernis vers la cuticule.

4. Répétez l'opération sur le côté gauche, en partant du bout de l'ongle, pour obtenir un effet dégradé.

5. Faites de même sur le côté droit et ajoutez éventuellement quelques paillettes pour combler les espaces vides.

CRÉATION ORIGINALE À RETROUVER SUR LE SITE INTERNET SOUS LE NOM : GLITTER FADE.

WAHgirl n°22 Grace

J'ai 26 ans et je suis réalisatrice. Je possède aussi une boîte de production appelée Ladoja & Sons, mais mon but pour l'an prochain est de faire de l'art et de briser des cœurs. Dans la vie, j'aime les voyages, les enfants et l'amour, mais j'adore aussi mon bomber Versace pour H&M et ma combinaison léopard. Je n'ai pas d'expérience WAH préférée car elles sont toutes géniales. Vraiment. J'adore tester les nouveaux modèles et produits. Les plus beaux ongles qu'on m'ait faits étaient inspirés de l'artiste Jean-Michel Basquiat. À Londres, les meilleures soirées sont les raves et les soirées dance dans les entrepôts souterrains ! Toutes les soirées où Rodigan est aux platines, en fait !

"WAH!"
ISSUE 3

WAH fanzine #3

“Work it out”

Marbre

TRUC DE PRO : LES MEILLEURES COULEURS POUR CE MOTIF SONT LE NOIR ET LE BLANC, SUR LA BASE DE VOTRE CHOIX. POUR UN EFFET RÉUSSI, NE TIREZ PAS PLUS DE TROIS TRAITS DANS CHAQUE DIRECTION AVEC LE BÂTON EN BOIS.

Pour ce modèle, faites un seul ongle à la fois car le vernis doit être encore humide lorsque vous créez les marbrures.

LE MATÉRIEL >

- Vernis beige
- Vernis blanc
- Vernis noir
- Bâton en bois

LES ÉTAPES >

Étape 1. Appliquez le vernis beige en couleur de base. Laissez sécher.

Étape 2. Déposez trois paquets de vernis blanc sur l'ongle.

Étape 3. Ajoutez quelques paquets de vernis noir. Ne vous souciez pas trop de la précision du tracé, le résultat est toujours meilleur quand tous les ongles ne sont pas identiques.

Étape 4. Passez la pointe du bâton en bois sur la surface de l'ongle, dans le sens de la longueur, de façon à créer trois marbrures verticales. N'appuyez pas trop fort pour ne pas rayer la couleur de base.

Étape 5. Créez trois marbrures horizontales de la même manière. Amusez-vous avec ce motif car il ne demande pas de doigté particulier.

CRÉATION ORIGINALE À RETROUVER SUR LE SITE INTERNET SOUS LE NOM : MARBLE.

WAHgirl n°23

Phoebe

J'ai 24 ans et je suis écrivain. Mes meilleurs souvenirs chez WAH sont les journées d'été caniculaires où l'on s'installait devant la vitrine du salon, avec Jenny, et le jour où l'on a dansé comme des folles sur le DVD «I am… World Tour» de Beyoncé pour le dernier anniversaire de Shar. Ce que je souhaite pour le futur? Aller à la découverte du monde et vivre autant d'expériences que possible.

TRUC DE PRO : APPLIQUEZ UNE BONNE COUCHE DE TOP COAT POUR QUE CELUI-CI COULE ENTRE LES STRASS ET LES MAINTIENT BIEN EN PLACE.

Pluie de strass

Offrez-vous une pluie de (faux) diamants avec ces studs en cristal. Les cristaux Swarovski sont les mieux adaptés à ce modèle. Choisissez trois teintes différentes (sombre, claire et blanche) pour un superbe effet scintillant.

LE MATÉRIEL >

- Vernis rose
- Vernis pailleté
- Colle pour ongles
- Pic en bois
- Strass ou cristaux Swarovski (grands, moyens et petits)
- Top coat

CRÉATION ORIGINALE À RETROUVER SUR LE SITE INTERNET SOUS LE NOM : RHINESTONE RAIN.

LES ÉTAPES >

Étape 1. Appliquez la couleur de base rose. Laissez sécher, puis ajoutez une fine couche de vernis pailleté en créant un effet de dégradé jusqu'au milieu de l'ongle.

Étape 2. Déposez trois points de colle sur l'ongle. Trempez la pointe du pic en bois dans le top coat et servez-vous-en pour prendre un gros cristal et le poser sur l'un des points de colle. Répétez l'opération avec deux autres cristaux. La colle met quelques secondes à sécher.

Étape 3. Collez les cristaux de taille moyenne de la même manière en les insérant entre les gros cristaux.

Étape 4. Comblez les espaces avec les petits cristaux. Ceux-ci sont assez difficiles à manipuler, mais avec un peu d'entraînement tout s'arrange !

Étape 5. Ajoutez quelques cristaux sur la partie inférieure de l'ongle pour parfaire l'effet «pluie de strass».

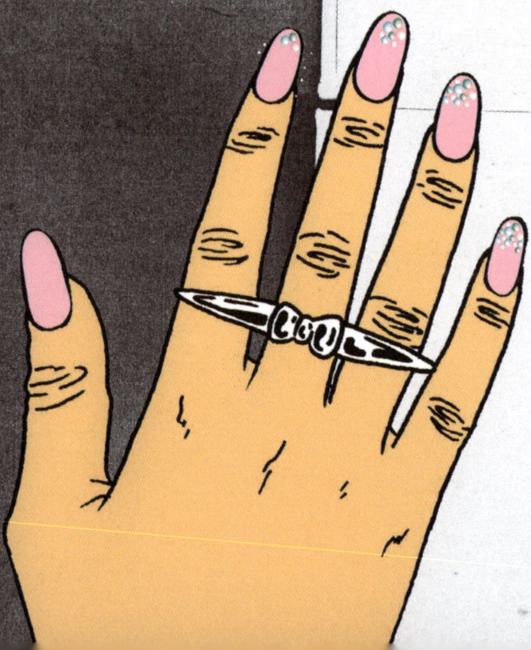

WAHgirl n°24 Grace

J'ai 22 ans, je suis coiffeuse et je viens du sud de Londres. Question musique, en ce moment, je suis accroc à Lil' Wayne. Son dernier album fait partie de mes préférés depuis un bout de temps déjà. Je travaille aussi dur que je m'amuse et j'ai hâte d'aller au Brésil l'an prochain pour m'offrir des vacances bien méritées. Je suis aussi l'heureuse maman d'un petit garçon qui fait tous les jours ma fierté.

Double Studs

TRUC DE PRO : SI VOUS NE TROUVEZ PAS DE STUDS POUR ONGLES, VOUS POUVEZ PARFAITEMENT LES REMPLACER PAR DES STRASS. POUR QUE VOS STUDS TIENNENT PLUS LONGTEMPS, UTILISEZ UNE COLLE POUR ONGLES BRUSH-ON.

Vous ferez sûrement beaucoup d'envieuses avec ces ongles sertis d'or. En plus, la pose de ces studs est d'une simplicité enfantine ! Disponibles dans les boutiques spécialisées, ces studs pour ongles sont parfaits pour sortir en soirée !

LE MATÉRIEL >
- Vernis noir
- Studs dorés
- Pic en bois
- Top coat

LES ÉTAPES >
Étape 1. Appliquez la couleur de base noire. Laissez sécher.

Étape 2. Posez quelques points de top coat près de la base de l'ongle.

Étape 3. Effleurez les points de top coat avec la pointe du pic en bois de manière à en prélever une toute petite quantité puis, rapidement, servez-vous-en pour prendre un stud et le déposer à la base de l'ongle. Ensuite, de la même façon, posez un autre stud juste à côté du premier.

Étape 4. Continuez de déposer des points de top coat et de studs sur toute la longueur de l'ongle.

Étape 5. Sortez et oubliez tous vos complexes !

CRÉATION ORIGINALE À RETROUVER SUR LE SITE INTERNET SOUS LE NOM : DOUBLE STUDS.

WAHgirl n°25

Gabi

J'ai 27 ans et je fais plein de choses ! Je travaille à temps partiel au salon NIKEID et je suis aussi actrice. La meilleure chanson du moment, c'est *Crew Love* de Drake, et The Weeknd. Mes ongles préférés sont les Double studs parce que j'ai un faible pour le bling-bling. J'adore lézarder au soleil et le paradis, pour moi, est un pays chaud avec des plages de rêve.

WHICH KIM ARE

WAH fanzine #4

À vos pinceaux...

CRÉEZ VOTRE PROPRE MOTIF.
COLORIEZ VOTRE CRÉATION.
METTEZ DU WAH DANS VOTRE VIE.

Remerciements

Le tourbillon WAH Nails n'aurait pas pu exister sans ces personnes. Tout d'abord, Meghan Best, une de mes meilleures amies, qui s'est lancée dans l'aventure avec moi et m'a aidée financièrement et administrativement. Sans son soutien, nous ne serions pas là. Simon, Rosie et Grace, mes autres meilleurs amis pour la vie, qui m'ont aidée à tapisser, m'ont fait passer de super moments et ont supporté mes jérémiades. Jenny, mon bras droit, sans qui je serais perdue. Mes copines Suz, Phoebe, Hazel et Irene, qui m'ont fourni des ongles à vernir lorsque je débutais et qui m'ont toujours soutenue. Ma protégée, Charlotte, qui est toujours là quand on a besoin d'elle. Rae et Dora, qui sont des filles cool et de super membres juniors de WAH. Selfridges, qui m'a donné la chance de ma vie, et Topshop, qui m'a permis d'élargir les horizons du salon. L'équipe de Real Gold, éternelle complice de Dalston. Alex, Sam et Alisha du salon Bleach, qui dopent mes cheveux et qui seront toujours la Courtney Love de notre Lil' Kim. Jennifer Byrne, Charlet Duboc, toutes les filles qui ont posé dans ce livre, mes super techniciennes passées et présentes et mes super techniciennes en chef Scarlett et Chloe, qui ont contribué à la petite révolution que nous avons enclenchée dans le monde de l'onglerie. Mark, Steve et Manny de Models Own, qui nous ont conseillées et ont créé notre stylo nail art ! Toutes nos entreprises clientes, qu'on adore, qui nous ont fait faire le tour du monde et nous ont introduites dans toutes sortes de galeries, festivals et même au-delà. Merci à Jiro pour ses dessins, à Rob pour son design et à Kate, mon éditrice, qui m'a laissé carte blanche – car c'est comme ça que je travaille le mieux ! Mon dernier remerciement, mais non des moindres, va à Greg, mon partenaire, qui a été à mes côtés pendant les peintures, les travaux et toutes les fêtes – pour le meilleur et pour le pire. Sans lui, je n'aurais jamais pu créer WAH Nails.

Nails

Les adresses incontournables

WAH Nails
www.wah-nails.com
Des kits, des infos, des tutoriels…

Sephora
www.sephora.fr
Un large choix de vernis et de marques

Marionnaud
www.marionnaud.fr
Vernis, kits French manucure…

Bec & Ongles
www.bec-et-ongles.com
Le site d'un spécialiste du vernis à ongles où découvrir les dernières collections des grandes marques de vernis

LM Cosmetic
www.mcosmetic.fr
Le site d'un spécialiste de la cosmétique des mains et des ongles

CND (Creative Nail Design)
www.creativeparis.fr
Une adresse uniquement dédiée aux ongles : matériel, formations…

Minx
www.minxfrance.com
Pour découvrir tous les modèles Minx

Claire's
www.claires.com
Pour des ongles à la pointe de la mode

L'Oréal
www.loreal-paris.fr
Pour découvrir la collection Color Rich, des stickers qui donnent aux ongles un effet haute couture en un clin d'œil

C que pour nous
www.cquepournous.net
Un site dédié aux ongles où tout trouver en un clic

Pour les professionnelles

American Nails
www.1manucure.com
Un site où trouver vernis, paillettes, stickers, kits…

MySo Nails
boutique.sonails.fr
Tout le matériel pour les ongles, et notamment la nouvelle gamme d'hybrides Ultime Laquer assurant une tenue de 3 semaines !

France Nails
www.francenails.fr
Vernis nail art pointe fine, diamants, stickers, et tout le matériel nécessaire

Et aussi
www.thisisvenice.tumblr.com
Le Trumblr de l'artiste Venice, pour le plaisir des yeux… et des ongles !